Voces en la madrugada

I0591573

COLECTIVO LITERARIO
ALTA HORA DE LA NOCHE

Voces en la madrugada

Voces en la madrugada: Muestra del Colectivo Literario Alta Hora de la Noche

Cuando Vladimir Monge, fundador del Colectivo Literario Alta Hora de la Noche, me invitó a escribir las palabras preliminares para esta muestra, acepté aun sin conocer los textos que finalmente la conformarían. Pues, desde que llegué a Washington, hace 24 años, he participado en la vida poética de esta ciudad, ya sea a través del Maratón de Poesía que organiza el Teatro de la Luna (el cual ha batido el récord con este evento anual en español por 27 años, en un país cuya lengua predominante es el Inglés), ya sea a través de la División Hispánica de la Biblioteca del Congreso, y de otros grupos, como el entrañable Colectivo Para Eso La Palabra, y en actividades académicas, cursos de poesía, organización de encuentros con poetas, además de un festival de poesía latinoamericana, cuya memoria publicó la American University. Con esto quiero aclarar la raíz del impulso y el deseo que sentí de apoyar al Colectivo Alta Hora de la Noche, quien está desarrollando una labor tan necesaria e importante en Silver Spring, Maryland, sector colindante con la capital de este país.

Habría que recordar al poeta español y Premio Nobel Juan Ramón Jiménez, quien fuera profesor de la Universidad de Maryland entre 1948-1951, otra gran presencia en la tradición hispana en esta misma zona de los Estados Unidos, que data del Siglo XVI. Maryland, Virginia y Washington D. C. continúan siendo centros de inmigrantes latinoamericanos en EE. UU., especialmente de los salvadoreños, que en este sector suman más de un cuarto de millón. Esta es el área de mayor concentración de salvadoreños después de California y Texas, y, según el periodista Ramón A. Jiménez en su publicación *Metrolatino USA*, la población salvadoreña en EE. UU. alcanza un total de 2 307 000 y es la tercera más numerosa de los inmigrantes latinoamericanos.

No es casual entonces que el Colectivo Alta Hora de la Noche rinda con su nombre un homenaje explícito al título de un poema de Roque Dalton, el poeta más emblemático de El Salvador; pues Monge, el creador del grupo, es salvadoreño, y en los inicios, todos los miembros del colectivo eran también de dicho país. Al cumplir este año su noveno aniversario, se ha adaptado más al concepto de colectivo como entidad viva, móvil y como organización más inclusiva y renovada en el tiempo. En su proceso de crecimiento ha abierto las puertas a representantes de otros países y a otras manifestaciones artístico-literarias, además de la poesía, que fue el motor fundacional.

Voces en la madrugada presenta una muestra de la producción de los miembros del colectivo, cuyo propósito inicial fue alumbrar el camino que había iniciado el desaparecido Colectivo Para Eso la Palabra, fundado en 2003 por el escritor colombiano Arturo Salcedo, como una respuesta a los vientos bélicos de esos años durísimos. Alta Hora de la Noche reunió esfuerzos y energías para continuar ofreciendo un espacio alternativo y una contribución adicional a la que ofertan al público hispanohablante otras instituciones. Esta publicación viene a sumarse a la ya considerable y documentada labor de escritores con eventos y diversas antologías del mundo hispano en Estados Unidos.

Si usted está leyendo este prefacio y se preguntará cómo funciona el colectivo que quiere crear conciencia de su presencia y aporte a la cultura estadounidense (que también es su cultura adoptiva), la respuesta es simple: la flexibilidad lo caracteriza y lo hace más atractivo, los miembros se comunican mediante las redes sociales, se convocan voluntariamente una vez al mes en la Casa de la Cultura de El Salvador (con el apoyo del Consulado) para participar espontáneamente en la Peña Cultural de los Viernes, y se reúnen una vez al año. Personalmente he tenido la alegría de participar en La Peña con mi trabajo poético, una oportunidad para la misión a la que me debo, enmarcada dentro del deseo común que nos anima a contribuir, desde la trinchera de la poesía, a afianzar y fortalecer el legado que estamos construyendo en esta nación todos los inmigrantes.

Esta muestra colectiva es una colección heterogénea de textos en varios sentidos: textos en verso, textos en prosa, algunos poéticos y otros con vocación narrativa, incluso reflexiva, o meramente impresionista. Heterogénea también en cuanto a la calidad y al oficio literario que cada uno de los que contribuye tiene en su haber, dependiendo del dominio del lenguaje literario y su formación, por ello el lector advertirá un cierto desnivel. La creatividad ha sido siempre el punto más alto de expresión de la humanidad; en este ámbito se encuentra la creación poética, que a diferencia de las otras artes creativas (con excepción de Rimbaud), es muy raro que se dé prematuramente, por una razón: escribir exige la maduración de un lenguaje, por ello todo escritor tiene que ser, simultáneamente, un buen lector.

Esta heterogeneidad que expresa la inclusividad del colectivo se manifiesta también en la representación por países. Los autores de los textos son de Argentina, Bolivia, Colombia, Cuba, El Salvador, República Dominicana y Uruguay. Sin embargo, los une el haber llegado a este país con un trasfondo cultural que incluye el español como primera lengua (la lengua en la que escriben), su condición de inmigrantes, y su profundo sentimiento y empatía con los que han tenido que dejar su país para transterrarse en otro. La muestra refleja la filosofía del colectivo; todos los miembros fueron convocados sin criterios rigurosos, y los que respondieron, tienen un espacio en esta publicación.

Los temas son múltiples; me enfocaré en el que me parece más recurrente. Me refiero al sentimiento de exiliado, de la condición de inmigrante que implica vivir el desgarramiento entre el mundo que quedó atrás, y que no se puede olvidar porque está presente en la memoria, y el mundo nuevo en el que este vive y se mueve, tratando de adaptarse, con contradicciones a veces insolubles.

Mencionaré algunos de los textos invitados, iniciando con los poemas de Liliana Luppi Dossola, una de las más logradas del grupo. En su poema *Imágenes* presenta el exilio de la tierra y el exilio de sí misma, de la niñez y la juventud. Comparte la nostalgia por lo irrepetible, y la añoranza por la infancia, las amigas y el primer amor, y por ciertos lugares como esquinas, patios y escuelas, según se lee en estos versos: «aún perdura en mi mente aquel patio de la casona, cálido predio que no supo de penas». Por otra parte, a través de *La ventana*, se puede ver el texto de una separación y el subtexto que es la muerte. La ventana le sirve para asomarse al paisaje del pasado, de un tiempo ido y también, por contraste, para mirar en la noche la imagen de la muerte, y de lo infinito indefinible. En *El espejo*, con un lenguaje fluido y sedoso encontramos un recurso para revivir memorias del pasado, recuerdos felices donde tal vez hubiera querido permanecer, si no fuera porque: «También más adelante fue silencioso testigo de enfermedad, e irrevocable ausencia». Este poema recuerda el tema y el ritmo de *Los espejos*, de Borges, con su «enmascarado espejo de caoba». Pero a diferencia de Borges, la poeta no teme a los espejos.

Luz Estella Mejía, con un lenguaje cuidado, presenta la escisión del yo poético entre lugares foráneos y el trópico (donde está su patria, Colombia), al cual termina privilegiando en *Despolarizar*. Después de haber recorrido los polos gélidos de la tierra concluye: «Me quedo en los trópicos y zonas templadas, donde corren libres los colores, donde todos cabemos y podemos». Además, en un tono de compromiso social, nos habla de Haití, de lugares y de personas que la indiferencia de otros estamentos sociales ha convertido en espectros invisibles: «A veces vislumbramos los fantasmas en fotos que desaparecen de los diarios». Pero a pesar de esta invisibilidad, tienen «álguienes» que los extrañan y los aman y los recuerdan. Y usa el neologismo «álguienes» para acentuar la pluralidad del anonimato. Igualmente, en *Selección natural*, otro poema social, invierte los valores y ya no es el más fuerte quien garantiza la duración de la especie: «Es la supervivencia de los más pequeños, / de los heridos, los vulnerados / el triunfo de la especie».

Ricardo Ballón, con poemas breves y economía de lenguaje, nos lleva a la construcción de imágenes cercanas al haikú, lo cual es entendible, ya que Ballón se ha dado a conocer más en este género poético. El hablante se siente en el exilio, pero se trata de un exilio de la propia existencia: En *A la vera del camino* (cuyo título lo anticipa) hay un sentimiento de exclusión, de estar al margen, y modulando su desazón interior, dice: «Camino por la tierra / y la siento extraña y bella», «No encuentro la salida / es muy larga la noche». Al final, se da cuenta que la vida se le ha escapado: «Necesito un árbol y una piedra / para sentarme / a la vera del camino / y ver por dónde pasó la vida». En otro poema remite a la dualidad que recuerda a Antonio Machado y que, de algún modo, todos llevamos dentro: «a veces soy ese lobo a veces soy ese fauno». Otros poemas breves son imágenes en su estado natural del pájaro, del alba, o son personificaciones donde la naturaleza cobra otra vida: las piedras son niños, la luna es maestra del silencio, los cerros son aprendices de escuchas, el alba silba la canción del frío y el pájaro es el amigo del viento.

Por su parte, Sofía Estévez, en un lenguaje directo, cercano a la prosa, casi carente de imágenes y sin subordinación a las exigencias del ritmo, toma como tema los inmigrantes desde una perspectiva más social y comunitaria, como se ve en *Trabajadoras temporales*, donde se refiere a las «migrantes indocumentadas, falta prueba de identidad, / (...) —trabajadoras temporales sin autorización legal—, / ¿quién las puede ayudar?». En otros se solidariza con las mujeres «Ante la dureza de un muro fronterizo, / (...) ante miles de mujeres valientes, / se filtran poco a poco el amor, el coraje y la esperanza». Luego, esta solidaridad da voz a las madres: «Somos las mujeres desde la Tierra de Fuego hasta el Río Bravo del Norte / que trabajan cada día para cuidar a sus familias / y crear un mundo mejor», y concluye, comunicándose de madre necesitada a madre privilegiada: «Me gustaría que supieras / que solo queremos un mañana mejor para nuestros hijos, / tal como tú». Cito, finalmente *Yo en medio del foro*, un texto que podría titularse mejor *Yo acuso*, por el tono de denuncia del catálogo de los desafueros que vive la sociedad actual.

Silvia Mabel Sahakian de Radwan, con la recurrencia de características de estilo tales como la repetición y el paralelismo, otorga musicalidad a sus poemas. En el poema *Refugiados*, nos recuerda, en la voz de una hija que ha perdido su hogar, el drama de los niños refugiados, o hijos de inmigrantes indocumentados que han sido separados de sus padres «¿Adónde están mis padres? / ¿Adónde está mi hogar? / ¿Adónde está mi casa?, / (...)Devuélvanme mi casa. / Devuélvanme mi hogar. / Con mis padres y con mis hermanos / Todo mi destino está». En el poema *Arrorró mi niño*, alude a una canción de cuna que sirve de puerta batiente para ingresar en la conflictiva, y a veces amarga, relación de las nanas (o niñeras) con los niños que cuidan, condicionadas por la crueles exigencias de las madres patronas; un tema que hace pensar en *Roma*, la película de Alfonso Cuarón.

Vladimir Monge, en un lenguaje sencillo y directo, nos lleva sin ambigüedades, en *Centroamérica mía*, a su tierra natal, donde se erotiza, desde una situación incómoda de hoja seca, o de persona herida, la relación con la tierra natal, que se vuelve mujer, y la mujer se vuelve tierra, en cuyo reencuentro hallaría la clave de su descanso y su salud: «Caminaré sobre ti / buscándote / queriéndote / sintiéndote por siempre mía / Centroamérica». En *Cinco mil pies cuadrados*, registra la abrumadora realidad que viven los inmigrantes en trabajos manuales, como la limpieza de incontables oficinas, o de innumerables pisos, mientras añoran la ocasión del regreso, pero ese momento nunca llega. «Y pasan cinco y luego diez / quince años pasan y veinte después / y no hay final que se vislumbre / ni cambio / ni dolor que se pregunte / cinco mil remesas después». El extremo del sufrimiento se ve en *Pesan los dolores del mundo*, dedicado a un amigo que no pudo reconciliarse con lo que significa ser un inmigrante, y por ello su vocación suicida en la que finalmente se gradúa: «...esta agonía inútil de no encontrar la salida / este país maldito que nos acorrala la vida». En *Nocturno en la habitación*, el amor y la entrega al terruño, a la patria, se interpone en la plenitud del amor: «cuando te conocí ya tu corazón había sido ocupado», o en un segunda instancia, en lugar de ceder ante la solicitud de su compañera para un contacto amoroso, prefiere soñar «con viejas imágenes de una revolución que no fue».

Alexis Soto Ramírez, de Cuba, escribe a su patria de la que parece renegar por no haber encontrado en ella el lugar que le invitara a permanecer, a quedarse. En un sentido, es un tema que conecta con los anteriores textos, pero no se ve aquí añoranza o deseo de regreso. Mediante la prosopopeya nos dice: «tú nunca me quisiste patria mía / (...) tú no me recuerdas patria mía / estabas muy enfadada / o quizás enferma / cuando llegué una tarde / inoportuno y cargado / de insoportables sueños / (...) solo esperas el fruto de la vicisitud / en tu codicia salivando / como una perra en celo». La realidad del poeta parece tan despiadada, que tuvo que ir al encuentro de sí misma en otro espacio alternativo. En el poema *Desteje*, continúa la línea que insinúa un deseo insistente de deshacer el pasado: «los dedos sin sombra torcidos por la artritis / destejen el suéter cansado de los años».

Edith Graciela Sanabria plantea su identidad sureña, que anuncia desde el comienzo con el título *Yo vengo del sud*, donde expone sus raíces culturales con orgullo, pero sin olvidar las tragedias que generó la conquista y las extremas desigualdades. *Vengo del sud* ya nos da a entender dos espacios: un aquí donde está, y un allá, de donde proviene: «Donde la magia inédita de los siglos / ha retornado en verso rítmico, / donde la historia ha bordado / cuentos de colosos, templos pirámides / danzando con dioses Incas». En *Bolivia*, un texto más narrativo, y con tintes líricos, encontramos alusiones históricas y descripción de la naturaleza que concluye con una visión pesimista de su país: «sus hijos están atrapados / en una inercia de siglos / su tierra amada y bendecida / se la vende, se la negocia / y se la degrada. / No hay nadie que se preocupe / por el país porque todos están sordos / al ronco eco de la Pacha mama».

Jorge Fernando Sodero nos presenta una suerte de testimonios de experiencias sensoriales y afectivas. Me referiré a *Reuniones*, que de sus textos, es el que más lo sintoniza con los otros integrantes del grupo. Allí se ve la nostalgia por su país, el amor por su Argentina, y el anhelo de retornar en el futuro: «Aquí donde las distancias son siempre saludos a los buenos días argentinos (...) Aquí donde mi respiración se une / con los latidos de haber nacido. / Aquí donde mi pasado podría llegar / y ser el allá de mi futuro».

Francisco Alberto Mejía, Grego Pineda y Amanda Cabral presentan textos particulares que se sitúan más hacia la narrativa, la reflexión o a la exploración de instantes vivenciales y experiencias amorosas o emocionales, este último, sin duda, uno de los temas más difíciles de abordar, porque, como dije antes, requiere la maduración de un lenguaje. Francisco Alberto Rodríguez Mejía, registra un proceso de búsqueda personal en textos de tendencia reflexiva, con un lenguaje ingenuo y elemental, muestra su preocupación por la existencia, Dios, la soledad, la naturaleza y otros alusivos a la patria: «Patria, / si Dios me concede el deseo / quisiera que me abrigaras por última vez / con tu sábana preciosa llamada tierra». Amanda Cabral escribe sus impresiones sobre experiencias sentimentales amorosas, cuando la distancia afecta la urgencia de estar y compartir. Por su parte, Grego Pineda contribuye con algunos microrelatos, o textos narrativos cortos sobre la vida del emigrante en Estados Unidos, como *Diálogo con un bartender*, o *Hooters girls*, y sobre el conflictivo amor por su patria, y las innombrables tragedias de los *Tiempos de guerra civil*.

Voces en la madrugada se funda pues, en la idea de crear comunidad para trabajos creativos, lo cual es de vital importancia en la cultura actual que está tan empeñada en resaltar otros antivalores, en un planeta amenazado como nunca antes por la avaricia. La función del Colectivo

Alta Hora de la Noche es tan valiosa porque aquí, sus miembros, han encontrado en la escritura un modo de procesar el pasado, de hacer más tolerable el presente, y un espacio para compartir, motivarse y apoyarse en la superación de las adversidades del aquí y el ahora. Algunos asumen la separación de su tierra como un daño colateral, de haberse enfocado en el sueño de crear una patria a su medida; en otros, late la idea de no haberse podido conectar, y tuvieron que salir del país a encontrar en otra parte lo que su patria quizás les negó, y en todos, me parece, que se siente la pugna interior que genera el vivir a caballo entre dos mundos.

CONSUELO HERNÁNDEZ
Poeta y Profesora Emérita,
American University

Ricardo Ballón

Nació en La Paz, Bolivia, escritor de poesía, cuentos, y artículos de prensa, estudió Comunicación Social en la Universidad Católica Boliviana. Curso de posgrado en CEBEM-Complutense, en Comunicación Política. Es autor de los libros de poemas *Cabriolario*, 2001, *El Diario de la Sombra*, 2016, *Libro de Haiku: O ir al arroyo*, 2016, *Niños de piedra, El Salvador*, 2017, *Cal y canto*, 2018. Sus poemas han sido publicados en antologías literarias: *Revista Hipótesis*, 1977, Bolivia; *Antología del Festival de Poesía Ciudad de Nueva York*, EE. UU., 2013; *Antología, Muerte y Poesía*, Universidad Autónoma de Aguas Calientes, México, 2016. *Antología de Poemas Alianza Latina*, Washington D. C., EE. UU., 2017. *Antología Ganarse la vida para siempre*, Washington D. C., EE. UU., 2017. *Antología Poetas bolivianos contemporáneos*, España, 2018.

A LA VERA DEL CAMINO

Camino por el cielo
y sé que soy ajeno
camino por la tierra
y la siento extraña y bella

No quería llorar y llovía
no quería gritar
y los relámpagos
me descubrieron

Detrás de alguna nube
yo sé que hay paz
pero todas se están cayendo
y no puedo detenerlas

No encuentro la salida
es muy larga la noche
perdí el día en el camino
no quiero que el tiempo
doble mis rodillas

Necesito un árbol y una piedra
para sentarme
a la vera del camino
y ver por dónde pasó la vida.

El lobo y el fauno

A veces soy ese fauno
que se consume
en ese vientre oscuro
que aguarda mis palabras,
las últimas que me quedan
para calentar la noche,
un lobo me acompaña,
con él contemplamos
entre aquellos árboles,
cómo se marchaba la luna
y ya no nos lamentamos
como antes lo hacíamos,
cada cual a su manera,
de muy lejos se escuchaba
quebrarse nuestras voces,
a veces soy ese lobo
a veces soy ese fauno.

I

Ayer
Ayer me puse a buscar
la raíz de la palabra árbol
y terminé en las ramas
disfrutando su sombra y sus aromas
él, despreocupado
siguió jugando con el viento...
y yo dejé pasar una a una las hojas.

II

En un principio
más allá de la alegría
no conocían la nada
solo disfrutaban la geografía
de su inocencia.

III

Tus pechos
erguidos
como los cerros
desnudos
como la noche.

IV

Las nubes
rozaron
el pecho azul del horizonte
mar y cielo
      se estremecieron.

V

No apagues la luna...
bailemos
con los últimos latidos de la noche.

VI

Vuela como un sueño
amigo del viento
del aire y la distancia
casi celestial...
        el pájaro.

VII

El alba
entró
por todas las rendijas
silbando
una delgada canción de frío.

VIII

Esos niños de piedra
en los brazos de los cerros

duermen
envueltos en las nubes
mientras silba el viento.

IX

Daba la luna
una clase magistral
sobre el silencio
serenos
los cerros la escuchaban.

X

Volaron los días
los pájaros
los sueños
la serpiente dibujó el camino
hacia el árbol de manzanas
por ley de la gravedad
cayó el hombre enamorado
de la primera mujer desnuda
ella era más bella y dulce
que todo ese paraíso.

Sofía Estévez

Poeta y escritora. Ha presentado su obra en EE. UU., México, El Salvador, y República Dominicana. Forma parte del Colectivo Literario Alta Hora de la Noche. Nació en Santo Domingo, República Dominicana. Estudió licenciatura en Estudios Internacionales y maestría en Lenguas Extranjeras en la Universidad George Mason, en Fairfax, Virginia. Trabaja como profesora de Español, traductora y editora. Vive en Alexandria, Virginia, con su hijo Felipe y su perra Marcella.

TRABAJADORAS TEMPORALES

Aleteo de mariposas en la frontera,
millones de monarcas detenidas,
migrantes indocumentadas, falta prueba de identidad,
vienen de los Oyameles, van hacia las Rocallosas,
son méxico-americanas, nadie les quiere creer
reclaman sus territorios heredados,
explican su trabajo polinizador a los agentes aduanales
—trabajadoras temporales sin autorización legal—,
¿quién las puede ayudar?

ESPERANZAS

En solidaridad con La Marcha de las Mujeres.

Ante la dureza de un muro fronterizo,
ante leyes sociales insensatas,
ante dogmas ortodoxos excluyentes,
ante anatomías idénticas, diferentes y transformadas,
ante los matices y variaciones de la dermis,
ante la ceguera de las luces de neón,
ante tus tesoros y mi precariedad,
ante tu idioma y mi dialecto,
ante tu ciudadanía y mi indocumentación,
ante tu ruido y mi silencio,
ante tu verdad, y la mía
ante miles de mujeres valientes,
se filtran poco a poco el amor, el coraje y la esperanza.

Tal como tú

Me gustaría que supieras
que nosotras queremos lo mejor para nuestros hijos,
tal como tú,
que hemos cruzado desiertos, ríos y océanos
cargando a nuestros niños en pechos y espaldas
que nos montamos en yolas, buses y La Bestia
y viajamos por días interminables sin comida, ni agua, ni cobija.

Que otras veces, mandamos a nuestros chiquillos solitos
—miles de kilómetros— a estas tierras extrañas
con nuestras bendiciones y escapularios de escudo
porque ellos se merecen una vida mejor,
tal como los tuyos.
Me gustaría que supieras
que mientras tus hijos se divierten con videojuegos de guerra,
a los nuestros los acribillan a balazos a la salida de la escuela.
Ellos juegan al escondelero para sobrevivir.

¿Qué teme una mujer con el alma rota?
Amanecemos contando y repartiendo a nuestros niños,
muchos de ellos sin padres,
nosotras alquiladas en casas, factorías, fincas y prostíbulos.
Andando de aquí para allá, procurando una vida mejor.

Si quieres saber quiénes somos nosotras:
somos las madres hondureñas corriendo por la noche
con los hijos que nos quedan para que no se los lleven las maras.

Somos las mujeres nicaragüenses de la revolución que no termina,
estudiantes, madres, poetas peleando con metrallas y plumas.

Somos las madres salvadoreñas a quienes la guerra les robó los hijos
y las maras, los nietos, partiéndonos el lomo todavía.

Somos las nativas del Amazonas, las protectoras de la selva tropical
y del fuego sagrado, resistiendo las multinacionales.

Somos La Llorona del huipil azul
cuyos hijos desaparecen cada día, ¡cuídate!,
causamos maldiciones y delirios a quien toque a nuestros niños.

Somos las abuelas de La Plaza de Mayo caceroleando,
reclamando justicia por nuestros hijos desaparecidos
cuarenta años después.

Somos Rigoberta Menchú batallando por los derechos indígenas
desde el Ejército Guerrillero de los Pobres
contra las Fuerzas Armadas de Guatemala.

Somos las cholitas bolivianas que cruzan el inmenso altiplano
con sus guaguas en aguayos
en busca de trabajo en las grandes ciudades.

Somos las mujeres dominicanas cruzando el canal de La Mona
en yolas destartaladas, ¡isleñas que no saben nadar!

Somos las madres venezolanas repartiendo a nuestros hijos
por el planeta
porque las dictaduras ni de derecha, ni de izquierda son buenas.

Somos las mujeres desde la Tierra de Fuego hasta el Río Bravo del Norte
que trabajan cada día para cuidar a sus familias
y crear un mundo mejor.

Hemos dejado a nuestros padres, casas, trabajos y cosechas.
Caminamos los campos minados de cadáveres y alacranes,
navegamos las aguas tempestuosas,
en el camino nos han vendido y en ocasiones violado,
rezamos para encontrar el asidero de la vida.

Aquí, trabajamos doble y triple tandas para enviar remesas,
compartimos el lecho y la comida con nuestros hermanos,
cuidamos a los niños de los padres que trabajan todo el día
y deciden la suerte del mundo, y pretenden no saberlo.

Limpiamos sus casas y oficinas, preparamos sus cenas,
en sus casas y restaurantes,
hacemos sus vidas bonitas y llevaderas.
Traemos diversidad cultural, aliento emprendedor, música y sazón.

Y nuestros hijos, a veces, han fallado como los otros,
pero también son: maestros, doctores, ingenieros, artistas,
albañiles, arquitectos, cocineros, empresarios,
como los demás que han tenido una oportunidad.

Me gustaría que supieras
que solo queremos un mañana mejor para nuestros hijos,
tal como tú.

Yo en el foro

El moderador amagándome con su mutis
que no haga escándalos, que me recoja,
que declame un poema de amor.

Me quedo en medio del foro
descorro los telones cotidianos,
suscribo a la denuncia de los desamparados:
acuso a los que mercadean armas
para obtener la paz que no llega a muchos y ceba a unos cuantos.
Acuso a los que recetan opioides
para curar almas hambrientas y engordar las farmacéuticas,
y los pobres adictos muriéndose, comprando heroína alterada.
Acuso a los que exterminan a los pequeños agricultores
con sus pesticidas homicidas y se apropian de las tierras y semillas.
Acuso a los inmigrantes que creen que ellos sí merecen una oportunidad
y los otros no, por su piel, por su pobreza sin culpa, por su religión.
Acuso a los religiosos ortodoxos con su culto de verdad universal
que hay que imponerle a los otros a fuerza de metralla y expansión.
Acuso a los que se adueñan y legislan en úteros ajenos,
chiquillas y mujeres pobres condenadas, ¡ay!, sus hijos olvidados.
Acuso a los que dictan preferencias e identidades sexuales
y sus closets con aldabas no les alcanzan para ellos y sus familiares.
Acuso a los líderes que piensan en su riqueza momentánea
y no conciben un futuro con ríos, bosques y aire
para los que no tendrán dinero para un traje nuclear con agua y oxígeno.

GERANIO DE INVIERNO

Te rescató el niño
un domingo por la noche,
antes de que llegara a recogerte,
el lunes temprano, el camión de la basura,
sentencia irrevocable, creías,
te vi deshojado, seco, no dije nada.
—Mamá, quiero salvar esta plantita.

Te puso en su ventana, te riega
te habla con ternura,
tú agradecido y resoluto
has crecido frondoso,
desde la ventana miras
las otrora bellas rosas desnudas,
y el jazmín triste, sin su aroma
y en estos días gélidos y grises
nos regalas un racimo de flores perfumadas.

ME HUBIESE GUSTADO LLAMARME VIRIDIANA

Yo hubiese querido vivir en una casa de energía solar,
redonda y giratoria, en un monte, cerca de un río
con una claraboya inmensa donde se filtrara el sol
y repiqueteaese la lluvia,
habitada de plantas, animales, libros, papeles y lápices,
con un huerto, girasoles, cayenas y colibríes;
canjear frutas, flores, poemas, collares por otras cosas,
la puerta abierta, y ollas de guiso sin fondo para quien llegase
—como en la casa paterna: albergue de todos—,
oír historias, conversaciones, canciones sin prisa,
haber llevado vestidos ligeros de algodón sin nada debajo,
alpargatas, las greñas sueltas, hermosa y adornada,
comenzar todos los días con chocolate espeso y poesía.
Habría salido con mis perros por las noches, sin rumbo,
a conocer y hacer el amor sin contratos, ni expectativas,
a dormir bajo las estrellas, o en otras camas, sanamente
a amanecer entre versos y canciones con amigos.
Hubiese sido aliada de María Sabina y sus pócimas,
de vez en cuando, habría ido a la ciudad a disfrazarme, tatuarme,

comprar libros y discos, quizás a algún café del centro, o al teatro.
Mas trabajo en un cubículo asfixiante de sol a sol
rodeada de profesionales aburridos y supervisores abusivos,
mi jefe tiene un título de Harvard y un hueco en la cabeza,
llevo mucha ropa, me peino, ando de prisa, dormito en el metro,
me duele el alma, consumo Xanax,
en vez del té de hongos de María Sabina,
estoy casada y cansada, pedimos comida a domicilio,
vemos la tele,
los fines de semana compro en persona y por internet,
voy a la peluquería,
salimos a comer, emborracharnos y quejarnos con conocidos,
visito a mis familiares y amigos por Facebook,
twiteo mis ideas, trabajamos duro
para pagar una casa rectangular y comprar cosas,
me hubiese gustado llamarme Viridiana
y salir por las noches sin rumbo.

Liliana Luppi Dossola

Buenos Aires, Argentina. Emigró a los Estados Unidos en 1967. Estudió en NOVA (Summa Cum Laude), en East Tennessee State University, y en Maryland Institute College of Art. Ha publicado *Along the way impressions captured in literary and pictorial forms* (Xlibris, 2008). Sus ilustraciones y trabajos literarios han aparecido, además, en *Color y Vida, libro formativo para niños* (2009), *Voices* (Georgetown University Medical Center, 2013), *The Pen Woman Magazine* (2016), *Antología de Poemas*, (Alianza Latina, 2017).

Fue vicepresidente de la organización Festival Argentino, directora cultural de Alianza Latina (2015-2018). Es miembro de McLean Art Society, de la Liga Nacional de Mujeres de la Pluma y de los grupos de escritores Arlington Writers Group y Colectivo Literario Alta Hora de la Noche. Recibió Las Palmas Sanmartinianas, medalla por mérito personal otorgada por La Sociedad de San Martín en los EE. UU. (2002). Fue galardonada con el primer premio en poesía otorgado por The Beacon Newspaper, en el concurso *Celebración de las Artes* por su poema *El Nido* (Alexandria, VA, 2018).

El espejo

El espejo enmarcado en madera de caoba,
patrimonio de la abuela,
ocupaba un lugar en el comedor familiar
entre el trinchante y el aparador
justo en el corazón del hogar.
Enfrentado a la ventana, el espejo
duplicaba del jardín el resplandor.
Su mirada de agua mansa
vio crecer a mis hermanos y a mí, niños traviesos.
Desde su asignada perspectiva,
registraba nuestro ir y venir, pasos inquietos,
risas, llantos, querellas, maternales besos,
y de mis padres los diarios quehaceres.
También más adelante fue silencioso testigo
de enfermedad, e irrevocable ausencia.

Entiendo que para un espejo
reflejar lo que está enfrente,
el frío duplicar de las cosas
sin sentido, sin guardar rastros de lo visto
es su función utilitaria, su objetivo.
Pero por qué entonces hoy, ya pasado tiempo,
envuelta en la tarea de desmantelar el deshabitado predio
me deshago del moblaje añejo,
pero solo de él me cuesta desprenderme.

Y me engaño a mi misma al sentir que en alguna medida
su inerte presencia de encuadrado vidrio
encierra algo de valor perenne.
E imagino anidadas memorias de trayectoria recorrida
en su cuerpo con luz de luna
que fielmente captara tantos reflejos de mi vida.

En busca de mi identidad

Tal vez el origen de la vida se remonta
a billones de años atrás, en el espacio sideral.
Pero por diseño divino
(¿o fue el azar?)
mi destino de vida fue ser humana
en este planeta tierra que comparto con tantos más.
Aquí me encuentro cautiva de anhelos
y me dan alas las esperanzas.
Soy alfarera de sueños
en espacios de esfuerzo y de remanso,
estambre de una vida que persevera
guiada por pluma fértil,
que juega con lo imaginario y lo real.
Pinturas y palabras,
piruetas pigmentadas sobre el plano del papel
van creando metáforas sutiles
que buscan descifrar mi lugar
dentro de la esencia universal.

En mi jardín arbolado

Casi inadvertidos,
cientos de insectos, algunos diminutos,
desarrollan paralelamente sus vidas
en mi jardín arbolado:
abejas, hormigas, cigarras, luciérnagas, grillos,
arañas hilando sus telas...
Dado que este es mi predio,
me pregunto: ¿soy yo de ellos dueña?
Por las noches nos llegan las mismas visitas:

el zorro colorado de andar cauteloso
y como ágiles duendes, los ciervos.
Compartimos el sol, la lluvia,
la piel y el aroma de rosas, de jazmines
y de las madreselvas que trepan la cerca.
Algunos de estos insectos tienen fama de ser molestia
y sé que un exterminador podría librarme de su presencia.
Pero no, son familia en nuestro hábitat de árboles y tréboles.
Seres indescifrables, inquietos insectos,
subsistiendo entre troncos y hojas
sobrellevan como yo, como todos en esta tierra,
el misterio de la existencia.

IMÁGENES

Los años pasan deshilachando recuerdos
de los tiempos de mi inocencia,
pero aún perdura en mi mente aquel patio de la casona,
cálido predio que no supo de penas.
Allí, en el oro de las tardes,
veo caricias de madre y niños que juegan,
tortitas de azúcar, refrescos y frutas frescas,
manos que se entrelazan entre rondas y rayuelas,
a nuestra mascota ladrándole al viento,
y a un canario que nos alegra.

Los años pasan deshilachando recuerdos
de los tiempos de mi inocencia,
pero tengo presente el ritual de estar todos juntos alrededor de la mesa.
Aún veo, con almidonados delantales blancos, a mis compañeras de
        escuela,
y la imagen de un primer amor en la esquina y la mía, ya adolescente,
vestida de rosa, yendo a su encuentro por la soleada vereda.

La ventana

Por la ventana
observo el campo de atrás de la casa.
Colgadas veo a las sábanas ondear
y blanquearse bajo el sol de la mañana.
Mi perro Quique duerme junto a unos leños;
sus orejas se yerguen como dos centinelas
y sus patas pedalean
animadas por quién sabe qué sueños.
Más allá, diviso al jardinero,
quien experto en el ritual de la otoñal estación
se encuentra abocado a podar el limonero.
Y también me percato que necesito barrer las hojas
que la brisa fresca acorrala en un rincón.
Así es como percibo mi presente realidad
revelada por mis ojos
y que se me manifiesta como una postal
enmarcada por la ventana.

Pero ya de noche
si me asomo a ella,
escudriñando en la oscuridad,
no veo nada, solo los astros y la luna misteriosa.
Es un rectángulo abierto al espacio
que me habla de luz y sombra
de vida y muerte
de Dios y el universo
de mi pequeñez y de la incertidumbre de mi suerte.
Por la ventana, de noche, me enfrento
a una profunda e introspectiva realidad
con preguntas cuyas respuestas no encuentro.
Pero al fin, es una realidad más trascendente.
Se me ocurre pensar:
la ciencia dice que un día la tierra se desintegrará,

¿adónde irá todo lo que nos rodea a parar?
Tal vez, amalgamado con polvo de estrellas
lo que quede de mi mundo en el espacio flotará.
Vuelvo la mirada hacia el cuarto
y tanta preocupación diaria se me antoja ahora vana.
Suspiro, corro el visillo
y me alejo de la ventana.

POSESIONES

Debido a ciclos y circunstancias de la vida
somos solo dueños temporarios de lo nuestro.
Así es que me doy cuenta de que llegará el día
en que otra familia, reunida en mi cálida cocina,
la llamará suya...
Suyo... el comedor diario que se abre al jardín
en donde una rana de piedra, que fuentecilla rocía,
simula perpetuo croar bajo perfumado jazmín.
Suya... nuestra despensa, cuyos estantes y puerta
construimos con modestos conocimientos de carpintería
y adonde alineamos frascos de conservas,
cosecha de duraznos y grosellas de nuestra huerta.
Lo más importante, en término general,
es que suyo será este espacio,
nuestro templo de reunión familiar,
adonde por años sucesivos e incontables horas,
con amor, comidas fueron preparadas,
y lazos filiales forjados.

¿Cuando estén en manos ajenas,
nos extrañarán estas paredes?
¿Estas paredes, guardarán nuestros secretos?

Sé que serán solamente nuestros
ahora y por siempre,
los recuerdos que tejimos entre ellas...

Amanda Cabral

Nació en Montevideo, Uruguay, la más pequeña de seis hermanos. Su capacidad artística se manifestó a temprana edad empezando con la participación en coros escolares. Recibió clases de canto, solfeo y órgano electrónico. Perteneció al primer grupo femenino del área metropolitana que se llamaba *Salvatore y su Banda Show Caramelo*, y *La Banda Unión*. A partir de los 12 años comenzó a escribir cuentos y poemas. También pinta abstractos modernos y crea manualidades diversas. Ha participado en lecturas literarias a nivel local donde ha dado a conocer su creatividad poética. Desde 1991 radica en Estados Unidos. Cursó estudios de contabilidad en Virginia, donde ha trabajado en el ramo de preparación de impuestos y contabilidad.

MADRUGADA

3:20 de la madrugada
no puedo dormir
el silencio me agobia
y yo sigo pensando en ti.

Te vi muy distinto hoy
como ido tal vez
amargado quizás
y afligido también.

Los límites se impusieron
hace tiempo que llegaron
no nos habíamos dado cuenta
porque éramos un poco aniñados.

Sobran muchas palabras
pero falta el tiempo
y con el sabor de las congas
aún te sigo queriendo.

Aunque todo muy pronto termine
aunque ellos nos vean separados
aunque a solas lloremos
sabemos que lo hemos intentado.

A pesar de los momentos vividos
que han sido maravillosos contigo
a pesar de todo el mundo
sigo soñando una vida contigo.

MOMENTOS

Las horas pasan y yo aquí pensando en ti
los segundos rompen el silencio de esta fría habitación
y mi mente aturdida por los recuerdos
y manipulada por el diario vivir.
Sin saber por qué los ruidos de la calle
se confunden con los de mi alma.
Un alma triste y solitaria
que desde que te conoció
se llenó de calor sacando así
aquel rencor que la ataba al tiempo
tiempo que ya no vuelve
recuerdos que no se borran
aquellos malos y buenos pero ahí están
dejando huellas en cada uno de nosotros
huellas que se ahondan cada día más
cada instante, cada segundo, cada minuto
cada vez que pensamos en lo que pudo ser
y no en lo que fue, vivimos del ayer
porque por cobardía no nos atrevemos
a vivir el hoy
segándonos a una esperanza
que sabemos es inútil
que nos duele y nos lleva
por el sendero de las lágrimas
dejándonos aun más vacíos que al principio.
Pero ¿cómo explicarle al corazón
si solo entiende la lengua del amor
el desprecio y la traición?
La cubre con excusas y promesas
de cambio y mejorías que nunca lo serán
palabras que suenan maravillosas
pero al fin son palabras que volarán lejos
para encontrar otro corazón a cual engañar.
Sé que mi corazón roto está

pero te lo entrego para que lo repares
en ti está la magia, el arte, la música, los colores
el viento, el fuego, el agua y tú dime qué más
en tus manos están las caricias y el detalle
en tu boca está el calor y el respirar
y en tu corazón está el mío, al cual has de curar.

PARA TI

*Inspirado en mis padres Walter e
Isabel*

Una noche normal
un silencio eterno
ahí estaba yo
perdida en tus recuerdos.

En un instante la melancolía
invadió el silencio
haciendo que aquel cuarto pequeño
fuera más denso.

Ahí estás tú
acostado en mi lecho
sin murmullo alguno
solo con el calor de tu aliento.

Los recuerdos florecen
a pesar del tiempo

aquellas notas que rompían
con tu voz el silencio.

Amor mío, no tengas celos
de la brisa que juega con mis cabellos
que plateados están por el tiempo
y tristes por no poder jugar con tus dedos.

Amor mío, no tengas celos
del perfume que acaricia mi cuerpo
porque a pesar de los años
solo tus manos recuerdo.

Amor mío, no tengas celos
porque recuerdos de ti
es lo único que tengo.

Aunque ya no estés aquí
la guitarra y el mate te esperan
cantar canciones y compartir
al lado de la hoguera.

Doce años de tu partida
hacia una vida mejor
y yo esperando ese día
para poder al fin estar juntos los dos.

RECUÉRDAME

Cuando veas el cielo nublarse
por la tristeza de no tenerte
y la distancia que nos separa
piensa en mí.
Contempla la lluvia
mira el cielo
pues secar mis lágrimas
no puedes.

Cuando sientas el murmullo del mar
¡recuérdame y escucha!
porque te hablarán de mí.

Si sientes rozar un aire tibio
sobre tu mejilla
sabrás que busca tu boca
para depositar al fin
un suave y delicado beso.

Aunque nos distancien
los kilómetros y las horas
siempre estaremos juntos
ya que todo lo que vemos
oímos y tocamos
nos hace pensar y recordar
en todos los momentos felices
que hemos vivido.

Cuando ya no estés
y la soledad sea mi amiga
te recordaré...

como lo que fuiste para mí
como lo que eres
mi vida y mi gran amor.

Cuando tu avión levante vuelo
llevarás como equipaje
los sueños y las esperanzas
que existen en mi corazón.

Hoy amor mío te escribo,
para que nunca trates de olvidar con otra
lo que has vivido conmigo.

Silvia Mabel Sahakian de Radwan

Choele-Choel, Río Negro, Argentina. Cursó estudios de Pedagogía en Argentina y los completó en EE. UU., donde recibió una Maestría en Educación de Adultos orientada a Supervisión y Administración de Empresas. Continuó con cursos en Desarrollo Humano y Relaciones Internacionales, con especialidad en Diversidad Cultural.

Ha sido profesora de Español en diferentes instituciones del área de Washington D. C., donde ha usado el libro del que es autora *Aprenda el Español Cantando*, el cual incluye un disco compacto producido por Laura Vannuci y Mario Luna. Es poeta, autora del libro *Huellas de Pies Desnudos*, que presentó en la Feria del Libro de Buenos Aires, en la Embajada Argentina, y en el Club de Prensa en Washington D. C. Su proyección artística incluye pintura y diseño de joyas. Fundadora y actual CEO de Alianza Latina USA, una organización sin fines de lucro, cuyo objetivo es realizar proyectos en las áreas de educación, salud y bienestar social para necesitadas tanto en Latinoamérica como en EE. UU.

REFUGIADOS

Dedicado con cariño a mi hijo Tarik Radwan.

¿Adónde están mis padres?
¿Adónde está mi hogar?
¿Adónde está mi casa?,
no tengo donde jugar.
¿Qué pasó con mi gente?
que aquí no está.
No se habla ya de mis hermanos
Yo no sé porque será.
Se dice que refugiados
todos somos y yo no sé
¿De qué cosa nos protegen?
y no entiendo él por qué
yo no sé entender qué es eso.
Solo quisiera saber.
¿Adónde están mis padres?
¿Adónde está mi hogar?
¿Adónde está mi casa?
¿Qué pasó con mi gente?
¿Por qué somos refugiados?
¿De qué paz me están hablando?
¿En qué mundo estoy viviendo?
Devuélvanme mi casa.
Devuélvanme mi hogar.
Con mis padres y con mis hermanos.
Todo mi destino está.

CAMBIOS EXISTENCIALES

Aromas dulces de frutos maduros
un sol cansado de un verano tardío
y un sol tímido de un otoño
recién amanecido.
Un sol que acaricia mi cuerpo
y llega a mi alma
y volví a enamorarme de la vida
sin poder arrancarme
de esta tierra que me ata
con la fuerza de la gravedad
amor de un aquí, ahora
y siempre.

Lazos enquistados en mi ser
perdonando errores de mis antepasados
que son tan humanos como los míos
y me embarga un anhelo
que comienza a dominarme
y descarnarme de esta vida
para ser parte de una energía
cósmica, atractiva y
desconocida
de un devenir inevitable.

AMANECE EL POETA

Otra vez más amanece el poeta,
despierta sus sentidos aún dormidos.
La luz lo acoge, es su vieja amiga,

inspirando una vez más sus sentimientos;
y el canto sale, espontáneo a veces,
como si fuera dictado por un ángel
a su alma, desde cerca y desde lejos
y a veces canta dulzuras,
y otras tantas son llantos de tristeza
muy sentidas que él solo sabe recibir
por lo diestro y lo siniestro.
Él mira, escucha, algunas veces más allá
y no es fantasía, adivina el futuro que se acerca,
y es abogado, maestro, carpintero,
mujer serena, rebelde amigo;
y siente el balazo que mató al vencido.
El llanto del bebé recién nacido;
y el orgullo de quienes al mundo lo han traído;
y siente la protesta del obrero,
en la huelga obligada por la falta,
y la lucha inútil del soldado
sin rostro y sin sonrisa,
y el canto sonando en una misa.

ARRORRO MI NIÑO

*Para las Nanis y en especial mi Nani
Rosa Carfumil.*

Arrorró mi niño
Arrorró mi sol
Arrorró pedazo
de mi corazón.

Cántale a mi niño
hazlo dormir
hasta la mañana
que yo nunca estoy.

Lávale la cara
dale de comer
tenlo muy limpito
y muy cuidadito.

Pero no lo quieras
eso sí que no,
que ese niño es mío
y no es para vos.

Míralo sin verlo
no escuches su voz
que te llama siempre
con tono de amor.

No lo acaricies
tócalo nomás
que él no entiende nada
y nunca sabrá
que fue su niñera
quien le enseñó
a hablar.

Que le cantó siempre
que lo hizo dormir
todo arropadito
sin hambre y limpito.

No digas que miento
no faltes el respeto
que yo soy tu ama
y tengo razón.

No puedes quererlo
las sirvientas no quieren,
yo soy su mamá.

No puede quererte
pues nunca sabrá
que fue su niñera
quien le enseñó a hablar
que fue su niñera
quien lo supo amar.

CASA DE ANTIGÜEDADES

Ahí estaba al margen de la ruta
próxima a Nueva Escocia
detuve mi camino.
Abrí la puerta y escuché el
ruido lamentoso de la cerradura
oxidada.
Y ahí estaba un mundo
de recuerdos escondidos en el silencio.
Imaginé soñando despierta
haciendo historias de sonrisas, amores
tristezas, viajes y tiempos compartidos.
Y vi la popa del barco, sirena
de madera maciza cruzando los mares.

Y ahí estaba la taza de té de la niña,
la dama, la madre y la abuela.
Y ahí estaba la pipa traída por
el inmigrante de origen desconocido.
Y vi a los novios casándose en un retrato
que el tiempo había dejado amarillado.
Y vi las carpetas tejidas al crochet
de un ajuar en espera de una novia y un
destino.
Y ahí estaba la botella de vidrio soplado,
vacía con su historia de agua ardiente
y cristales opacos por el tiempo.
Y vi un mortero como el que usaba
mi abuela y un cuchillo gastado
por el uso.
Y pensé que me gustaría
escribir este poema
para robarle al pasado
las vidas registradas en esas
antigüedades dormidas en el tiempo.

SOY, PIENSO, VENGO Y VOY

Un azulejado de paisajes
no me deja pensar
adonde estoy
adonde voy
de donde vengo
y hasta ¿quién soy?

Y me siento feliz
me gusta donde estoy.

Adonde voy me estremece.
Me gusta adonde voy.
De donde vengo
me llena de nostalgia
y de recuerdos.

Me gusta de donde vengo
y de vez en cuando
un aroma conocido
una voz o un sonido
me transporta
y un azulejado de paisajes
no me deja pensar más.

Me gusta donde estoy
de donde vengo
adonde voy
y aunque no lo crea
también quien soy
en la existencia de ser
cuando vengo
estoy
y voy.

EL JUEGO DE MI VIDA

Yo quisiera ganar
jugando al ajedrez
en la existencia dinámica
de mi vida.
Me gustan los caballos

que pueden hacer piruetas
atrevidas y con coraje.
Pero si solo a caballo
ando puede ser que
un peoncito destruya mi reino
y con las torres
no se juega.
Aburridas, tan segura y
arrogante
hacen lo inevitable
y cuidado con la reina
que si se queda sola
no hay nadie que
la salve.

Luz Stella Mejía

Luz Stella Mejía es escritora y bióloga marina, profesión que ejerció en Colombia hasta que decidió radicarse en Estados Unidos. En la actualidad vive en Virginia, cerca de Washington D. C. y trabaja en una biblioteca pública. Ha publicado un libro de poesía, *Palabras Sumergidas*, y varios poemas y relatos cortos en diferentes antologías y medios, como en la *Agenda Mujer Colombia*, en el libro de antología Tic Tac de la Escuela de Escritores de España, y en diversas revistas digitales. Participó en el Festival Internacional Savannah, 2018 como autora y tallerista invitada con su taller de creación poética: *Escribir un poema: atención, inspiración y edición*. Su poema *Esa paz que quiero* ganó mención de honor en el concurso Mil Poemas por la Paz del Mundo. Algunos de sus escritos se pueden leer en: http://elsuresamerica.com

Je suis Paris, never Haiti

"Adieu mon petit pays
Adieu ma famille
Adieu mon île, ô Haïti, adieu ma
petite terre"

Raphael Haroche,
canción *Adieu Haiti*

Hay países invisibles.
Tienen ciudades y calles
y seres invisibles que los pueblan,
y niños invisibles
que visten de azul y rosa,
ríen y nadan bulliciosos,
cantan y bailan
y no importan.
Sufren sus tragedias invisibles
que el mundo no comparte,
que solo en su tierra menuda
se sienten.

A veces nos alcanzan sus lamentos:
repiqueteo de la lluvia en la ventana,
mientras el fuego crepita en el hogar
y el perro duerme cálido a los pies.

A veces vislumbramos los fantasmas
en fotos que desaparecen de los diarios.
Nunca veremos los cuerpos
          —insepultos en ningún mapa—
en un lugar invisible que se viste de llanto,
un lugar tan cerca en la distancia,
un lugar tan lejos en querer.

Pero
Hay álguienes que lo extrañan y lo aman
y lo recuerdan.
Y hay nadies que lo lloran y lo viven
y lo mueren.

OTOÑO

Lento ha llegado el cambio frío.
No sé si quiero dejar atrás mis hojas
enardecidas de fuego
pulsando por volar más allá del blanco invierno.
No sé si quiero conservar la verde savia
y enraizarme en mi verano frondoso
de pájaros cantores.
Me resigno
a dejar que el tiempo
me cubra de ocres viejos
y luego me desnude.

SELECCIÓN NATURAL

Lo saben nuestros músculos y huesos.
Lo entiende el corazón, lo intuye el vientre.
Está escrito en los genes:
No evolucionamos aniquilando.
No crecemos sobre otros cuerpos derrotados.
No es la lucha entre los más
machos, fuertes,

Alfa.
Es la supervivencia de los más pequeños,
de los heridos, los vulnerados
el triunfo de la especie.

EMPATÍA

Cruza un día tus fronteras
y habítame.
Ven a ver el paisaje desde mi ladera,
vas a vestir mi piel y a caminar mis pasos.
Desamarra mis nudos y peina mis recuerdos
que mi dolor te estrujará desde tu entraña
y solo así podrás llorar mis lágrimas.

DESPOLARIZAR

Yo he ido de mi izquierda a mi derecha
y me he quedado en mi seno:
allí donde la vida se derrama a chorros.
He viajado a los polos de mi tierra
donde el frio yermo entrecierra mis ojos
y en la extensa blancura incesante,
no hay nada.
Me quedo en los trópicos y zonas templadas,
donde corren libres los colores,
donde todos cabemos y podemos.

Que se oxiden las condecoraciones de las guerras

En las filas
los cerebros soldados se despegan
y se llenan de música.
Pies sin botas bailan
ignorando las razones
que no les conciernen.
Se liberan las manos de fusiles
para abrazar y acariciar una piel.
Al fin han comprendido.

Lo que somos

Al final no soy más que un cuerpo
soñando que escribe, piensa y hace.
Un cuerpo que duerme su vida.

Al final solo importa la poesía:
el sueño de esta mujer que vive
en el sueño de este cuerpo
que se descompone.

Al final son las palabras enlazadas
las que viven, se leen y perduran.
No somos sino los poemas que quedan.

El color del mar

Por debajo del agua
Estamos
Por debajo de todo
Nos ahogamos
Con el peso de la vida
Nos ahogamos
Bajo el color del mar

Vladimir Monge

El Salvador, 1967. Estudió Ciencias de la Educación en la Universidad de El Salvador y la Universidad Nacional de Costa Rica. Ha publicado los libros de poesía *Pasajeros en el Tiempo/Passengers in time* (Bilingüe, CBH Books, 2007) y *Voces y Huellas* (Círculo Rojo, 2012). Su poesía ha aparecido en la *Revista Ventana Abierta* (Universidad de California en Santa Bárbara, Centro de Estudios Chicanos), en la antología *Al Pie de la Casa Blanca: Poetas hispanos de Washington D. C.* (Academia Norteamericana de la Lengua Española, 2010) y en el *Segundo Índice Antológico de la Poesía Salvadoreña* (Índole Editores/Editorial Kalina, 2014) entre otros. Reside en el estado de Maryland, Estados Unidos.

Centroamérica mía

Sigo aquí
como una simple hoja seca arrastrada por el río
mientras el mundo parece caminar indiferente
a estas heridas que vibran enrojeciendo mi carne.

Voy partiéndome poco a poco en mil pedazos.
Intento acomodarme en los recodos de tu recuerdo
agarrarme de tus raíces
extender mis manos húmedas hasta tocar tu fuerza
y salvarme de perecer
antes de haber ofrecido mi último esfuerzo
mi última palabra.

Cuando la orilla del cauce me ofrezca tu tierra
la besaré y la abrazaré en silencio
Caminaré sobre ti
buscándote
queriéndote
sintiéndote por siempre mía
Centroamérica.

Gota de lluvia

Mi vida hubiera sido como una gota de lluvia
corriendo por la ventana.
Se hubiera por fin perdido o diluido sobre los tejados o los riachuelos
o se hubiera parado al final, desafiante,
sobre una hoja sencilla o sobre una palma de coco a la orilla del mar;
pero no fue así.

y no fue así por tus ojos.
porque de pronto me viste, me sonreíste
y así detuviste mi destino de lluvia.

Mi vida hubiera sido como una gota de lluvia;
nadie en mí se fijaría
como nadie dudaría de mi mojadez
Pero tu me viste desde que estaba en las nubes.
Desde entonces, desde entonces
no fui una simple gota de lluvia.

CINCO MIL PIES CUADRADOS

¡Cinco mil pies cuadrados!
Como si estas manos fueran simples extensiones metálicas
absurdamente invulnerables a las horas.

Cinco mil horas de agachar la frente y fregar los pisos
sacudir el polvo y limpiar la mierda
mirando de reojo sus impecables oficinas.

Cinco mil horas de caminatas invisibles por el centro de la ciudad
sin saber si existes
o si simplemente eres un espejismo de la noche
                              bailando con el trapeador.

Cinco mil pies cuadrados de movimientos calculados
de rendimiento programado
de uniformes desgastados
y atardeceres ignorados en el concreto y la oscuridad.

Cinco mil millas de distancia del lugar de mi esperanza
donde el amor de los míos una vez me cobijó.

Cinco mil remesas amasadas
con el sudor de la espalda mojada
con la vida entrecortada
soñando un día regresar.
Y pasan cinco y luego diez
quince años pasan y veinte después
y no hay final que se vislumbre
ni cambio
ni dolor que se pregunte
cinco mil remesas después.

PESAN LOS DOLORES DEL MUNDO

*A Fredy Tejada, quien se suicidó una
noche de Septiembre*

Pesan estos sueños postergados
pesan los suspiros
los fantasmas, los recuerdos, la huída
esta agonía inútil de no encontrar la salida
este país maldito que nos acorrala la vida

Pesa la tierra y la historia
pesa el quejido perenne
pesa el amor breve y disperso
pesa el temible secreto.

La lealtad ya no es posible
pues se viste de cuentas doradas
perseguir un sueño imposible
es tener una vida cortada.

Cómo pesan los dolores del mundo
amigo Fredy Tejada.

Nocturno de habitación

I Golpe de alcoba

Cuando te conocí ya tu corazón había sido ocupado
le dijo ella aquélla noche, resignada.
Él suspiró
intentó agarrarse de la cama, la almohada, el respaldar
buscó el aire que le faltaba
una luz, una palabra
y entre latidos furiosos de su corazón
de nuevo sintió el golpe de aquellos tiempos de guerra
que tanto intentaba evitar.

II Frío sin fin

Siento frío, no puedo dormir.
¿Quieres hacerlo esta noche? Pregunta ella, insegura
esperando que él diga sí.
No, contesta él, solo quiero dormir.
Y la habitación sucumbe y cae
en una espiral de nieve y frío sin fin.

Ella le da la espalda acariciando un rosario
él mira la foto de su madre
luego se duerme y sueña
con viejas imágenes de una revolución que no fue.

Grego Pineda

El Salvador, 1964. Activista cultural en la zona metropolitana de Washington D. C. Magíster en Literatura Hispanoamericana de la Pontificia Universidad Católica del Perú, su tesis versó sobre la escritora cusqueña Clorinda Matto de Turner: *La novela Aves sin nido: entre la Subversión y la Ley.* También publicó el libro *Centauros Ciegos, verdades evidentes.*

Diálogo con un bartender

A un amigo de Washington D. C.

—Me vine porque me afligía la pobreza y el hambre, allá en mi país ni zapatos tenía. ¡Nada!

—¿Le sirvo la otra?

—*Ok*. Te decía que en mi país ni zapatos tenía. Éramos muchos hermanos. Y tuve que huir hacia este país, en busca de riqueza y felicidad.

—Ujumm sí.

—Y he trabajado veinticinco años ¡muy duros! como cocinero en este negocio que ahora es mío.

—Sí, lo sé, usted es mi jefe. ¿Me permite atender al gringo que acaba de llegar?

—*Ok*.

—Perdone, ya puede continuar, lo escucho.

—No he hecho más que trabajar y trabajar, ¡La vida entera! Sírveme la última margarita *frozen* pero cárgalo con tequila *Gold*.

—Sí, señor, con su permiso.

—*Ok* déjala allí y dame otra servilleta. Te decía que estoy cansado. En casa tengo muchos pares de zapatos. Y nadie quien me espere. No tengo amigos... tengo empleados y dinero. Y compro zapatos de colección.

—Ajá

—Quiero distraerme un poco y..., habla tú, dime ¿Porque te viniste de tu país?

—Me vine porque me afligía la pobreza y el hambre, allá en mi país ni zapatos tenía.

—¡Mira!, allí viene otro gringo, atiéndelo bien. *Go!*

—Sí, señor, con su permiso.

—*Ok*.

Con desgano despliega su ejemplar del *Washington Post* y capta su atención un anuncio ilustrado: mañana habrá una venta especial de zapatos *Florsheim* en el *Mall* cerca de casa.

Hooters girls

A la Fuerza de Trabajo Hispana en EE. UU.

Viernes por la tarde: día de pago en la industria de la construcción. En el *parking lot* de un centro comercial, dos obreros palpaban sus salarios en *cash*. Sus botas sucias golpean el pavimento para sacudir el polvo y el lodo. Empiezan a peinarse para adecentarse un poco. Sus cabezas todavía sudan. El casco oculto en sus mochilas. Mientras caminan hacia el *Hooters Restaurant* se repiten con algarabía que el dinero todo lo puede ¡Todo!

Esa tarde le escucharon a su jefe *gringo* hablar de las chicas exuberantes de ese lugar y sus dulces atenciones, las cervezas frías y de las propinas generosas que, cual miel, atrapan mariposas lindas vestidas de *orange temptation*. Después, mientras recibían el pago semanal por sus cincuenta horas agotadoras, pensaron… desearon… decidieron.

Y ya solo les falta cincuenta metros de distancia para entrar y comprar atención esta tarde. Orgullosos y alegres repetían: ¡hoy seremos como gringos! ¡Este es un país donde todos somos iguales! Y caminaban ansiosos practicando su *spanglish*.

A través de la pared de vidrio, pintadas con los ojos enormes del búho, las mariposas *orange temptation* los vieron acercarse y rápido huyeron a esconderse. Esa tarde, mis iguales, bebieron cervezas, disfrutaron del *self service*, conversaron con nostalgia de sus países y recordaron a sus mujeres.

Esa tarde, mis paisanos, mis hermanos, se ahorraron la propina.

MI PATRIA

Bueno es Dios, que no nos ha matado.
ROQUE DALTON

Te amé, es cierto.
Te amaba porque te necesitaba o quizá te necesitaba porque te amaba.
No estoy, ahora, para emular a Shakespeare con su Ser o no Ser, así que ni siquiera entraré a aclararme lo escrito en la línea dos.
Y quizá hasta haya mentido en la línea uno.
Y es que no sé plantearme este amorfo afecto por ti. Y para colmo tienes un nombre irónico y sarcástico. Tú no salvas a nadie a pesar de ser «El Salvador». Si no fuera tan dolorosa tu Historia, hasta me daría risa disertar sobre tu pretencioso nombre.

TIEMPOS DE GUERRA CIVIL

Mi padre murió en una tarde cualquiera y, como es natural, lloré su partida. Cinco días después de haberlo enterrado, y cuando trataba de ajustar mi vida a esa nueva realidad, sucedió que al vecino e íntimo amigo de mi progenitor se lo llevaron con destino desconocido unos hombres fuertemente armados. A empujones y golpes lo sacaron de su casa, a pesar de las súplicas y llantos de su también anciana esposa. Eran tiempos de guerra civil.

Al amanecer, lugareños asustados llegaron avisar que un cuerpo decapitado había sido encontrado en la entrada del cementerio municipal, y que la cabeza, reconociendo en ella al esposo de la desvelada y llorosa vecina, estaba clavada en los barrotes del antiguo portón. Ese hecho espeluznante hizo que reflexionara en que ¡gracias a Dios!, mi padre se hubiera muerto en una tarde cualquiera.

Mi padre quizás no supo vivir, pero sí morir a tiempo.

POLVO ERES Y EN POLVO…

La sorpresa se presentó: 4 hombres-bala.
Fui conminado a postrarme de rodillas.
Una pistola golpeó mi cabeza: ¡Cierra los ojos!, alcancé a oír.
Era un momento decisivo: Fatal.
Escuché, a mi espalda, el chasquido de un arma.
¡Dios!, pensé… y no pude honrar su nombre.
El miedo huyó de mí. Inédita paz me abrazó.
¡Al suelo!, gritó quien estampaba su bota en mi espalda.
Acomodé el rostro y el polvo me besó.
Sonó un disparo: la luz estalló en mí.

POETAS AÑEJOS

A los Poetas forjados en las cárceles y
purificados en las mazmorras

Había que blindar el alma para no envilecerse.

Había que endurecer sentimientos, ahogar llantos, aplazar la desesperación y acobardar los miedos para no ahuyentar la esperanza amenazada.

Había que negarle el dolor al cuerpo para no dar el grito que ellos esperaban; ni entregarles la vida de otros que ellos buscaban con saña y con la horca en la mano.

Hubo que reptar entre los verdugos para luego elevarse entre los ungidos de la patria nueva.

Hubo, en esos aciagos días, personas como ustedes... para que gente como yo, ahora, escriba líneas de gratitud, admiración y esperanza. Esperanza que ustedes no entregaron ni dejaron morir.

Hoy es tiempo de descansar poetas: reposen en el silencio y quietud del anonimato. Y dejen que sus versos hablen de nuevos sueños, pero también de corajes épicos, aunque salpicados por dolores proteicos.

Por todo lo vivido y escrito: "*Dios te salve* [poeta]...*Para ti el respeto de los pueblos y la corona de amor que hoy ceñimos a tus* [mortales] *sienes.*"

Edith Graciela Sanabria

Edith Graciela es una poeta, pintora y diseñadora boliviana residente en Alexandria, Virginia. Su poesía ha sido publicada en Inglaterra, Brasil, India y los Estados Unidos. Grace Press ha publicado dos de sus libros bilingües de poesía para adultos y niños. Es miembro de la Sociedad de Poetas de Virginia, Poetas Anónimos de Fairfax, Del Ray Poets. Ha participado en diferentes festivales de poesía del área de Washington D. C., Maryland y Virginia. Su actividad artística ha sido impresa en los periódicos *The Washington Post*, *Alexandria Gazzete*, *El Pregonero*, y *Washington Hispanic*; tiene vídeos grabados de poesía en *Canal 5* y *Comcast*, también participó en el programa *60 Minutes*, de NBC, y *Canal 10 Poetic Expressions*.

Yo vengo del sud

Donde la magia inédita de los siglos
ha retornado en verso rítmico,
donde la historia ha bordado
cuentos de colosos, templos, pirámides
danzando con dioses Incas,
Tiawanakotas, Guaraníes, Huaris, Tobas.

Yo vengo del sud.
Donde el viento canta en zampoñas,
donde los corazones laten al unísono
al compás de viento y truenos.

Yo vengo del sud.
Mis raíces son profundas,
emergen con la brisa tropical
con murmullo de tiempo y espacio
cantando tragedias, leyendas
de conquistas, amor y misterio.

Yo vengo del sud.
Soy madre del niño abandonado
que llora su tragedia oculto
en los socavones del mundo
y me sonríe con inocencia de espera infinita.

Yo vengo del sud.
Mi piel morena canta la historia
que se ha revestido de misterios
en deliciosas gamas con culturas ancestrales
danzando en los milenios.

Yo vengo del sud.
Mi sangre fluye
con la fuerza de las Cataratas de Iguazú
en un bagaje
de lenguas y melodías
guardadas en las profundidades
de la madre tierra
que se traduce en una canción
en un lenguaje dulce del alma.

BOLIVIA

Bolivia emerge
en la nieve eterna,
donde el cóndor Mallku
es el soberano.
Se extiende florida
en aguayo de mil colores
a través del altiplano
a sus pies se deslizan
en esmeralda tesoros
que relucen en selva virgen
con sonidos de canoas
aves de mil colores
que se llaman Amazonas.
Cuentan mis antepasados
que las piedras colosales
se expresaban en forma de templos
habitaban en esos tiempos
los hijos del sol, hombres dioses
ellos cuidaban sus ancestros
y amaban mucho a su pueblo

ya que no permitían que nadie
sufriera de hambre o abandono.
Un día hundieron todos los secretos
de las ciudades doradas
en las profundidades del lago sagrado,
cuando oyeron la obscura
profecía que así decía:
«Hombres barbados como el sol
surgirán de la espuma del mar
con los rayos en las manos»,
los cuales acallarán
las voces del Tawantinsuyo.
La sangre corre silenciosa
se ha convertido en gritos
de pechos oprimidos
suspiros quebrando las sombras
símbolos siniestros
han sembrado el camino
de tinieblas y arrebato.
Siglos han transcurrido
pero aún está encerrada
en su prisión el que fuera
el hijo de Manko Kapac
el fundador del Imperio Incaico
hay cadenas que lo atan
a una esclavitud eterna
y son más macabras
que los mismos conquistadores.
Sus hijos y los hijos de los hijos
de sus hijos están atrapados
en una inercia de siglos,
su tierra amada y bendecida
se la vende, se la negocia
y se la degrada.
No hay nadie que se preocupe por el país
porque todos están sordos
al ronco eco de la Pachamama.

La danza de la violencia

ALTO
A la violencia que explota
en las calles del mundo.
ALTO
Al río de sangre de las víctimas
de masacres y venganzas.
ALTO
A la danza de la muerte disfrazada
de odio lunático.
ALTO
No cambien los rostros de los niños
que están plenos de inocencia y esperanza.
ALTO
No quemen los templos de Dios,
fueron creados para enseñar a amar.
ALTO
No destruyan la madre tierra, los ríos,
el mar, el ozono.
ALTO
Somos hijos del universo
todo volverá a nosotros,
tratemos de amarnos más
pues solo somos pasajeros
en este viaje transitorio del tiempo.

Jorge Fernando Sodero

Nacido en la ciudad de Villa María, provincia de Córdoba, Argentina. Reside actualmente en el área de Washington D. C. Ha completado estudios de medicina en la Universidad Nacional de Córdoba. Completa, en los Estados Unidos, estudios posdoctorales y *fellowships* en el área de Psiquiatría y Neurofisiología.

Su interés por la expresión de la palabra escrita nació en 1983 con una experiencia única de permanencia en extremo aislamiento (excepto de comunicaciones por radio) en el continente Antártico. Poemas de estas vivencias se publicaron en la Antología de Poemas de Alianza Latina, EE. UU. (2017). Participa cotidianamente en lecturas poéticas y actividades culturales de la comunidad latinoamericana en el área de Washington D. C.

DOS PALABRAS EN MI VENTANA

Dos palabras en mi ventana
saludan la mañana.
Al despertar un domingo
buscando entre mis latidos
encontré el blanco de las flores
llevándolas a tu ventana.

El adiós de un instante
la bienvenida escondida
con sombras de aquel ramo
mantuvieron el brillo
de una historia de ensueños
recordando tus palabras
en aquel amanecer.

LUTO EN LA SEMANA DEL 25 DE MARZO

¡Decidieron dejar tu existencia!
fue el mensaje divino a mis oídos
paz y dolor se mezclan distraídos
él estando allá, y yo aquí renacía.

Suenan de nuevo los juegos de mi niñez
encendiendo tantos recuerdos de cenizas
alumbrándose de carcajadas y palizas
sabiendo que estamos juntos otra vez.

Tantas mañanas y tantas tardes en esta semana
rugiendo en las noches con ensueños aplazados
llegando la calma esperanza en un ramo de flores.

Violetas y rosados al amanecer, una llama se emana
a gritos de pasión y bailes de brillos enfrascados
alcanzando el latir celestial con nuestros colores.

El juego de la marcha

hacia nuestro pasado
no podía encontrar
en mi interior un despertar.

Al estar hoy cerca
marco la unión de ti
no en mi ser
sino en los dos.

Un juego de frases
se transformaba en viajes
tú eres el futuro y yo mi pasado.

Solamente tu belleza maduró
no en mis palabras
sino midiendo las distancias.

Reuniones

Aquí donde las distancias son siempre
saludos a los buenos días argentinos.

Aquí donde se ven miradas tranquilas
del amanecer junto al río tercero.

Aquí donde mi respiración se une
con los latidos de haber nacido.
Aquí donde mi pasado podría llegar
y ser el allá de mi futuro.

Este instante y sus respuestas
que el tiempo lo intuye y es septiembre
como nuestra plaza y una fuente.

El retorno de un adolescente amor
sonriente con uniformes y guardapolvos
es una práctica a nuestra identidad.

Nora

El sol escondido y el recuerdo de la luna
marcaban el tiempo hacia mi aventura.
La fuerza del silencio después del trueno
nació la búsqueda hacia el rescate oculto.

La brisa suave era la esperanza de mi camino
fuerza alucinante de mis presentes latidos.
Continuar era la única razón de mi pasión
con un grito galopante de aquel dolor injusto.

Flameaban las redes rojas en una jungla de terror
dolores y culpas escondidas por no saber detener
como gestos sorprendidos a la blancura de tu voz.

Tu nacimiento y mi nacimiento explicaron el encuentro
y el milagro encontró brillo después de la esperanza,
sonriendo un mensaje en aquel grito de libertad.

Cuánta luz en aquellas gotas de lluvia

Cuánta luz en aquellas gotas de lluvia
cuánto brillo en aquel atardecer gris
rescataron tu voz y nuestra presencia
con magias de un pasado al ser instantes.

Pude sentir esa flor enramada
cuando la piel de tu rostro sonreía.
De repente el continuar se detuvo
reflejando tus recuerdos en melodías.

Cuánto agradecía el río con su fuerza
cuánto fluir en tus experiencias
al ser el testigo obligado de renacer.

Ya no existe la energía de silenciar atardeceres
mis latidos y tus sonrisas en aquel acuerdo obligado
alumbrarán nuestros juegos del próximo encuentro

Alexis Soto Ramírez

Alexis Soto Ramírez (La Habana, Cuba, 1967). Recibió, en su ciudad natal, el Premio Luis Rogelio Nogueras de poesía con *Estados de calma* (Ediciones Extramuros, 1993). Ha publicado, además, *Turbios celajes intrincados* (Ediciones Lenguaraz, 2016), *Oscuro impostergable o la circunstancia de la hormiga* (Ediciones Lenguaraz, 2016), y *La moda albana* (Ediciones Lenguaraz, 2019). Sus poemas han aparecido en revistas literarias de Estados Unidos, México, Francia y España. Textos de su autoría están incluidos en *Algunos pelos del lobo. Jóvenes poetas cubanos* (Instituto Veracruzano de Cultura, 1996). En el 2018 obtuvo el segundo lugar de poesía en el XXVII concurso literario del Instituto de Cultura Peruana de Miami. Reside en Ellicott City, Maryland, EE. UU.

La tinaja y el caracol

la tinaja donde encontramos
atrapados cielos
sonríe al viento
propaga un cúmulo
de antiguas aguas complacientes

el anillo en la tinaja
su contorno por la boca aprieta
y un fino velamen
de revueltos pinos aferrados
o canoros huesos contempla

el caracol olvida su traza
y en su sublime pereza huye
atenuando palabras amargas
de domingo

una visión
un turbio espacio muerto
de torpes anaqueles
esperando el salto propicio
la memoria de las cosas va cediendo
lentamente al polvo

dispuesto acosa el caracol
a la tinaja
sostiene un manto
de curvilíneas ansias
con armazón impaciente
deviene en sueño
penetra el orificio petulante

y la tinaja
rasgada por la boca arde
ungida de caballos alados
y margaritas volcánicas dormita
va olvidando con júbilo
el cúmulo de antiguas
aguas complacientes

Remero fui

remero fui
las olas batían mi costado
caribesos azules
(o dorados)
lamían mi carne
invitando a la desgracia
y al olvido

bastardo sin nombre fui
la mañana parecía gobernar mis instintos
como bosquejos de una intromisión
polémica y sumisa

al viento solté marañas de sueños comprimidos
viejos agravios de rancias texturas

me refugié en sonetos de interminables cadencias
mientras las olas intentaban arrullarme
entre velos misteriosos
hacia su cuenco profundo y psicodélico

qué torpeza la mía
perdido como alga a la deriva
aspirando a ser árbol
en medio de la corriente
sin alcanzar un asidero
sin una razón de fuerza que me salvara
o hundiera dulcemente

engrandecido por momentos
me sentí por el mar
sublimemente lisonjeado
la corriente hacía en silencio
su acostumbrado truco
y mi fortuna corría loca
loca arrastrándome a las carreteras sucias
de cláxones y botellas
indomables
infinitas

como la traición misma

Tú no me recuerdas

tú no me recuerdas patria mía
se te ha olvidado mi sangre
mis pantalones cortos
pecho al aire como un bólido
lleno de bríos por tus calles
cuando el sueño aún nuevo
no parecía envejecer

tú nunca me quisiste patria mía
nunca pude escuchar el susurro de tu canto
cuando me desvanecía como un Ulises ebrio
por negros pontones escapando
al resplandor salino de la bruma

navegar río abajo cuando los otros
hijos también de la patria
apedreaban mi balsa
bajo ese sol tuyo tan sin manchas

tú no me recuerdas patria mía
estabas muy enfadada
o quizás enferma
cuando llegué una tarde
inoportuno y cargado
de insoportables sueños

no necesitaba de tu soberbia
no era lo que este hijo tuyo
salvador de distancias
buscador de tibios oros
dispersos pedía

es que no había suficiente sol
para tus madejas

es que no había cadalso suficiente
donde apretar la garza que escapa
a tus manidos símbolos

no
tú no me recuerdas

solo esperas el fruto de la vicisitud
en tu codicia salivando
como una perra en celo

DESTEJE

poco a poco desteje el suéter
con dedos de un nervioso noser
trepa la noche por su espalda
arrastrando acuarelas
manchas de humedad
dibujos por las paredes que regresan sin aviso
la taza de té dormida sobre la poca mesa
los pasmados caballos del cielo
el pino de mórbidas guedejas
la mecedora la ventana
los dedos sin sombra torcidos por la artritis
destejen el suéter cansado de los años

EL HOMBRE QUE CAMINA

el hombre que camina despacio
es porque ha reconocido al fin
su manera correcta de perecer

no mira hacia los lados
no se voltea ojeroso
cuando pasan las ninfas
no se reconoce en el vaivén

jovial del agua
es una sombra de tostados espasmos
bajo el sol seco de septiembre

el anfitrión es un lago
lleno de azules minervas

luminosas espinas llegan a clavarse
ciegas en la vena senil
una vistosa nigromancia otea
por cisternas de lutos
pasillos donde una incisión retoza
y se atropellan los asaltos
mojados de la rima

el hombre que camina despacio
dejó a un lado dagas
jícaras que llevan impregnado
un café de muchos desvelos

una terca miseria le hunde
y sin vergüenza su incivil
e inútil garbo
sin blasón ni cornucopia ondea

los que lucen sus monedas en la frente
soliviantan al pez y su ramaje
a degollar palmas caminan
el desmoche de vidas sometidas reluce
y no proyectan siquiera
respetuosos silencios

la voladura de los puentes
ya no abjura

la gente que camina despacio
es que ha comprendido

sus apagados alientos amarillos
se desvanecen
hacia un final premeditado
esa ventana pueril
donde asomarnos todos

Francisco Alberto Rodríguez Mejía

Nació en Apaneca, Departamento de Ahuachapán, El Salvador en 1960. Completó su escuela primaria en la localidad de Sitio del Niño y estudios de dibujo artístico en la Academia Arte Bello de San Salvador. Es escritor, pintor y poeta filosófico.

UN SUEÑO

Soñé despierto y me gustó mi sueño
hubiese querido que fuera realidad
y luché por ello arduamente
entre más me esforzaba más me cansaba
pero solo era un sueño.

Soñé despierto y soñé contigo
quise atraparte, pero te desvaneciste
quise tocarte, pero te alejaste
quise que fueras mía, pero te marchaste
solamente era un sueño.

Soñé despierto y te abrazaba
soñé dormido y ya no estabas
siempre quise que supieras que te amaba
y que dijeras que me necesitabas
pero era un simple sueño.

Soñé despierto y apareciste tú
me cautivaste
me desilusionaste y desmayé
no quería cansarme, pero lo hice
fue solo un sueño.

Soñé despierto y observé a Dios
quise entender y no entendí
quise aprender y no aprendí
quise atraparte y fui atrapado
solamente fue un sueño.

Observación personal

Un nuevo día llega
observo mis reacciones
escucho mi voz diferente
comienzo a escudriñar mis emociones
he comprendido que un día amé mucho
pero con el tiempo,
he descuidado el cultivo ya labrado
y percibo con naturalidad
que casi todas esas emociones han muerto.

Una vez más entendí
que nadie acompaña mi viaje
nada ni nadie lo acompañará
así como yo no acompaño
ni acompañaré a nadie.

Cuando sentí esto,
comprendí que el tránsito por la vida
únicamente es sumar, restar,
multiplicar y dividir.

Son leyes que rigen el universo
y yo estoy inmerso en ello.

Mi mayor problema es aprender y desaprender,
entender y comprender.

OJOS DEL ALMA

En la oscuridad observo a la humanidad con mis ojos físicos, pero por mi necesidad espiritual siempre he omitido esto.

He comprendido que los ojos de mi alma siempre han estado observando sobre todas las cosas y tratando de no seleccionar sentimientos.

Una vez más debo retomar el camino y cegar la mirada de mi alma, y dar paso a la mirada física que causa llanto y dolor; mi ser dicta que no es correcto, pues tendría que despojarme de lo poco que aún se conserva dentro de mí.

¡Qué difícil es tratar de entenderme y no encuentro el camino!

Solamente deseo encontrarme nuevamente y poder servirte, Padre, por que esa es mi misión.

ARTÍFICE

Comenzará la desesperación, veremos éxodos masivos en la búsqueda de tranquilidad, buscándola adonde jamás la encontrarán, porque han olvidado que siempre ha estado y estará adentro de nosotros mismos.

Angustia provocada por la zozobra generada a través del conflicto social que es incomprensible, ¡pero comprensible a su vez!

El proceso evolutivo de la vida cada vez hace más estrecho el promedio de la existencia. Atrapando lo más valioso por el paso de la vida, que hemos nombrado como «Juventud». En la actitud, observamos la secuela de lo que hemos sembrado como humanidad.

Solo suplico que hagamos un paréntesis en la caminata por la vida y reflexionemos de dónde venimos, dónde estamos y hacia dónde vamos, porque nosotros somos los responsables de hacer que los propósitos se realicen.

ASECHO

En el asecho de mis temores extiendo las alas de mi imaginación al escuchar la música que suena desde las cuerdas de mi guitarra.

Un atardecer hermoso se presta como escenario para disfrutar las caricias de la brisa suave y pasajera que me hace sentir que todo mi ser viaja en paz y tranquilidad consigo mismo.

El movimiento del agua provocado por esa brisa pasajera invita a caminar junto a ella, botes y yates observo navegar, personas disfrutar y solo quisiera que por un instante alguien se aprestará a escuchar las cosas acumuladas en mi pensamiento para que puedan volar.

Grito en silencio, la fuente de agua se esparce conjugándose con los rayos solares que despiertan la magia, un arcoíris se observa y nuevamente reflexiono sobre la presencia de Dios en mí y en todo el universo, recordando su promesa para con nosotros, promesa que parece entenderse, pero no comprenderse pues los hechos hablan por sí mismos, al observar el comportamiento de todos nosotros los llamados humanos que de humanidad no mostramos absolutamente nada.

Yo admiro el mundo animal, al observar su comportamiento pues siempre me enseñan cómo debo vivir en comunidad. Un grupo de patos cruza el lago y observando sus movimientos me pregunté, ¿cómo reconocen a su líder? Navegan en fila uno tras otro, guardando distancia prudencial entre sí. Al ver esa distancia pensé: ¡que perfecto! Y vuelvo a cuestionarme: ¿cómo reconozco a los enviados por Dios para pregonar su venida? (A través de la predicación o el ejemplo.) No lo sé, solamente observo que la humanidad ha perdido sensibilidad.

PATRIA

Patria,
quisiera representarte con dignidad
porque me siento orgulloso de ti.

Patria,
te llevo en mi alma, en mi corazón
y sobre todo en mis principios morales,
éticos cívicos, espirituales y profesionales.

Patria,
si tan solo pudiera decirte
cuánto te extraño, cuánto te amo
cuánto anhelo ser arrullado por tus campiñas.

Patria,
la sangre que fluye en mi torrente sanguíneo
además de ser de color rojo,
es cuscatleca.

Patria,
a ti que vives en mi corazón
a través de mi recuerdo
te escribo estas líneas con satisfacción
pero, sobre todo
con mi alma y corazón.

Patria,
si Dios me concede el deseo
quisiera que me abrigaras por última vez
con tu sábana preciosa llamada tierra
y marcharme en paz adonde pertenezco.

Índice